Natilla

con

Tequila

Lucio Azul Agusto

"Todo bien,

solo rico

saber

que

existes"

Fidelidad

Cuando amas,

la fidelidad

no es requisito

es...

una necesidad

Cuidado

Tenga cuidado

con lo que me pide,

a usted...

se me antoja

negarle

nada

Grito callado

El grito callado que estremece

cuando apareces, amanece
despierta el alma
un grito callado, tu nombre clama

el grito callado
que cuestiona todo
cuando en medio del lodo
tu nombre reclama

entre gritos callados
los sueños se empalman

la vida sigue ...
y con cada latir del pecho
tu esencia se clava

con cada latir
un grito callado
que tu nombre clama

Y una cosa más

No llores más
porque te voy a decir
lo que eres para mí
lo que eres para mi

eres mi amor
porque siempre, siempre
siempre serás tú
mi amor, mi gran amor

eres mi ángel, mi armadura
mi Alba al despertar
mi alegría, mi puerto
en ti descubrí mi hogar

y una cosa más...
este amor no va a morir

eres bella, fuerte y callada
tu sonrisa sin igual
por ti, soy lo que soy
eres mi grito triunfal

y una cosa más...
cuando todo andaba mal
lo que me mantuvo,
¡fuiste tú!

no llores más...

agradezco cada detalle
cada momento que viví
¿que si mi vida fue buena?
¡sí!, y fue por ti

no llores más...
porque siempre, siempre...
siempre estuviste aquí
cerca de mi

cada que te pienso
percibo tu calor,
me da fuerza y libertad
para decirte con amor

cada latir de mi corazón...
¡conservarlos!

¡cántame!
no hay melodía mejor, que el tono de voz

¡cántame! que tu música me guíe con amor,
a donde Dios

y una cosa más...

desde acá te estoy sintiendo
y todo va a estar bien,
... bien ... bien
... bien

Bonita

La

gente

bonita...

mira

bonito

Entusiasmo

Tu entusiasmo,

el

más

lindo

de

todos

tus

atributos

Natilla con tequila

Dulce acaramelado,
de color rubio castaño
para celebrar las fiestas a fin de año

postre sencillo de textura suave
con acentos de café, cielo y agave

lleva caramelo que provoca
y se cuece a fuego lento
en unos labios contentos
así... como los de tu boca

bocado que no se olvida
tatúa recuerdos para la vida
pintando imágenes coloridas
inquieto colibrí azul
que feliz anda que se desboca
buscando el dulce de tu boca

los sentidos todos...
se reúnen en la capilla de tus mejillas
se funden bajo la luz de tus pupilas
se hospedan en tus labios
de cielo y vainilla
fieles a café, coco y natilla

tanto que los míos,
aún conservan tonos
café, natilla y tequila

de

Casi nada

¡Tan inmenso el universo!
¿quién lo comprende?, pienso
¿cómo se abraza el pensamiento?
¿cómo se explica un sentimiento?

tan extenso el universo
¡somos casi nada!

 y sin embargo...
con tan solo una mirada
con un tan solo beso
somos más...
mucho más...
...que todo eso

Paseíto

¿Qué caso tienen los sueños palpables?
los que valen la pena, son inalcanzables
sí has de soñar, procura algo que te desgaste
difícil de alcanzar

afanes horribles, trabajos infalibles
insensata la idea... cruel tal vez

más, sí es una la experiencia
una la existencia,
una sola la pelea, que valga la pena
aunque se ponga fea

que sea entretenido el paseíto
que sea dura tu jornada
momentos absurdos como bonitos
es mejor, mucho mejor
que no hacer nada

Despertar

Que rico encontrarte
en las noches cuando duermo

despertar con la alborada
tararear un canto eterno

y así, seguir alimentando
 este sueño enfermo

Te estoy soñando

No siempre te pienso,
es verdad

sí, es verdad,
hay momentos que no te pienso

en estos...
 te estoy soñando

Dale

En los sueños todo es posible
todo se vale
en los míos, eres mía

y con eso...
hasta que el mundo pare
la vida se acabe
y el sol se apague

así que...
¡dale!

Reglas del Amor

La primera regla en el amor es...
amar sin condición

lo demás...
es para el miércoles

Amor es

El amor alimenta
el amor espera
y no lleva la cuenta

es una luz sin linterna
entusiasmo que enferma

es desnudarte en la noche fría
abrirle la puerta al dolor, con alegría

es abandono absoluto
que, en las bodas viste de luto

es vida y es más plena
es muerte y es buena
es un volcán que se despierta
y anda que se revienta

dulce savia, ilusión mía
que brota, florece,
desfallece y muere

...y luego resucita,
día con... día

Fidelidad

Es tan fácil ser fiel

es tan fácil ser infiel

es cuestión de amar

y...

de

joder

Más allá

Esto es más grande que tú y que yo
esto va más allá del nosotros
perenne como la marcha del tiempo
como el giro de la tierra,
que orienta la estaciones

misterioso como místico es el universo
que extendiéndose va cada momento
más suave que la briza son tus caricias
más dulce que la vida, la savia de tu boca

esto no es al azar, no proviene de la suerte
muere con cada uno de mis días
resucita con cada una de mis muertes
es un tú y yo, en un aquí, a esta ahora

el misterio entero del universo
que se revela en tu mirada
que hace girar el mundo
al ritmo de tus caderas

cada madrugada, una espera
en cada anhelo, un suspiro
por eso nazco, vivo y me desespero
y después... con mucho gusto... me muero

para cobijarme del recuerdo
de aquel beso primero

Todo lo que pienso

Gracias por cada amanecer
gracias por cada instante
gracias por la luz tu mirada
que ilumina las noches olvidadas

gracias por el murmullo de tu voz
cuál ánimo feroz
que tan solo al pensarte,
tan solo recordarte
hace germinar
solo sentimientos buenos

eres mi mar y mi puerto
eres el camino y la llegada
el grano y la cosecha
el gusto con dolor...
la promesa desesperada

eres mi lucha y mi descanso
el canto del silencio
estas en todo lo que veo
tanto que,
a veces ni me lo creo

Laberinto

Perdido, completamente perdido
cegado por la luz de tu mirada
naufragando en los espacios de tu piel apiñonada
confundido por los ecos de tu voz en la alborada
buscando el dulce néctar tu savia azucarada

Perdido, completamente perdido
herido por el latigazo de tus besos
galopando en sueños despertados
desorientado en tus pechos enamorados

Perdido, completamente perdido
animado por tu recuerdo como armadura
sumergido en la profundidad de un beso
escalando la cima de tu cintura

perdido, completamente perdido
desorientado por tu música que libera y restablece
extraviado en sombras de la distancia fiel

me encuentro perdido
completamente perdido
en el laberinto de tu piel

Dos cosas

Sólo dos cosas te pido

la una...

no te enamores de mi

la otra...

no me pidas lo mismo

Cobija y suelo

Voy de bajada
voy que vuelo
voy anidarme
bajo tu vestido negro

voy de bajada
voy que vuelo

voy...
voy, mi amada

voy...
a cobijarme
con tu suelo

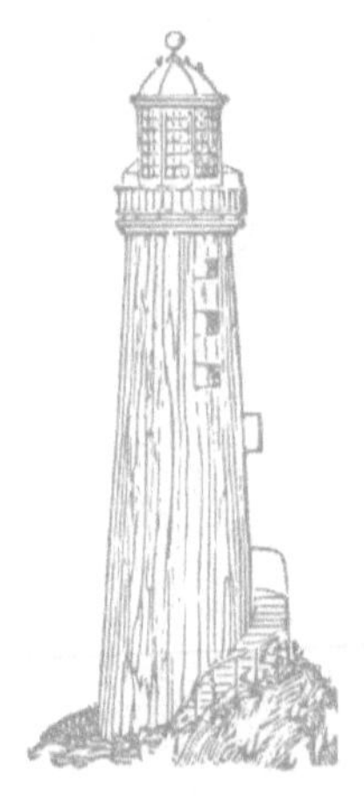

¡Qué pena!

Una vida tranquila y serena
sin hambre que desespera
sin velo que revela
sin sueño que desvela
sin conflicto que reanima
sin drama que reclama
sin dolor que duela
sin la desesperación que reclama
así, como cuando se ama

¡Qué pena!
una sonrisa incompleta
una mirada no resuelta
una juventud sin errores
una noche sin amores
una promesa sin colores
que se rompe sin cumplir

¡Qué pena!
la vida entera
que se pasa
...sin sentir

Que te pase mucho

Sueña sueños imposibles
cuídalos mucho
y sobre todo...
ama mucho

recuérdalo todo...

atrévete a que te pase mucho
atrévete a que te pase todo

atrévete a equivocarte
a embarrarte de lodo

aunque llores...
atrévete algunos errores

nada en el estanque del afán
tritura las ganas
envuélvete en celofán
serie en medio del fuego

como una ofrenda,
como pan benigno
para ser más digno
...luego

Tanto mal

Me hice a un lado para dejarte pasar
mi camino está ardiendo
cual infierno atravesar

y no quiero exponer
a tus ojos bonitos a cosa tal

verte sufrir
me haría tanto
tanto... mal

Todo y nada

¿De qué sirve tanta entrega,

si no se da nada?

Mejor tú y yo

seámoslo todo

aunque...

no somos

nada

¿De qué sirve tanta entrega,

Fantasía

Lo único que tengo es;
qué estás aquí
que te tengo
que te pienso
que eres mía

que fui feliz
aunque dormía

y cómo ves...
yo siempre al revés

te encuentro, aunque no estés
te miro y no me ves
te amo y no me lo crees

y, si es falsa la fantasía
es mejor vivir así,
que la realidad de estar sin ti
un solo día

Siempre

Lo bueno de esta vida
conocerte escucharte y verte
escucharte verte y conocerte
aquel beso de repente

el constante escucharte, sin tenerte
el continuo mirarte, sin verte

saber que anidas al lado izquierdo
y para siempre

Fantasmia

Tú no eres un fantasma
¡más como te apareces!

estas en mi casa, en mi taza
en mi pecho estrecho

vibrando en la memoria
narrando vas mi historia

eres realidad que calma
el motor inquieto del alma

el callado de las montañas
el canto de un río fervoroso que corría

eres el anhelo delicioso que sufría
no eres un fantasma, tampoco fantasía

eres para cada uno de mis días
la más linda fantasmía

Dormir

Ahora...
entiendo a tantos
valientes santos

que ahora libres de espantos,
descansan en la otra vida

que supieron del sufrir
y del amar hasta el morir

¿pero acá?...

¡No dejan dormir!

Camposanto

¿Para qué tanto luchar?
¿para qué tanto?

¿para qué tanto afanarse así?

si todo pasa...
si cambia el canto
y se desgasta el manto

luego, celebran tu vida
y no te invitan
a narrar tu encanto

se van peleando
mientras te llevan boca arriba
hacia el camposanto

Tierno dolor

Este dolor con rasgos de alegría
Como duele tu calor en las noches frías
y esta risa tiene tonos de llanto

tanto es este dulce dolor
...que me aguanto

te amo tanto
que me ahoga y me tritura,
me conforta y me sofoca

este dolor, prensa el alma,
exprime tinta de color
para escribir este cuento mejor

duele así cuando estas...

pero más...
mucho más...
cuando te vas

Incoherencias

Este dolor es grave
no tiene cura

ya lo intentó el doctor
"que Dios te ayude", dijo el cura

solo descanso cuando suspiro
solo vivo cuando te miro

dulce sentir que salva
inmenso dolor me mata
que da vida, clava y arrebata

pétalos, azares y espinas
es tanta la ternura
que hay en tu mirar... que lastima

tú, el bien para todos mis males
la magia que reconfigura
esta vida que se madura

Amigos

No temas a los enemigos

que dan la frente

más cuídate de los amigos

que abrazan

buscando tu espalda

de repente

Curioso

Es más, la dicha de amar
que ser amado
si, duele más
y saber que solo así,
se es realizado

solo que, para amar,
hay que primero
ser amado

curioso el dilema del amor
sencillo y perfectamente
complicado

Descansa

Descansa

pero

no

duermas

tanto

Mirada discreta

El amor es cosa de tontos
sin miedo, sin guantes

es sangrar con gusto
aunque injusto...
aunque te espantes

no hay patrón
no tiene esquema

una mirada que se revela
¡que quema!

una sonrisa completa
una mirada discreta

el alma que despierta

una vida difícil
de ternura repleta

Lodo

¡Aguántalo todo!

hasta que toleres nada

entonces...

límpiate el lodo

¡y manda la noche

a la madrugada!

Defectos

¡No me eches en cara

mis defectos!

¡y

no cuentes mis errores,

que no dispongo

de tanto tiempo!

¡No me eches en cara

Los muertos

No levantes mucho la voz

y no caves muy profundo

vas a despertar a los muertos

y nos vamos a sorprender

...los dos

Cielos pequeños

En la noche más oscura
en la sombra del olvido
entre fantasmas y chaparradas
descubrí dos estrellas luminosas

fueron tus ojos mi enfoque, mi faro
y bajo la luz de tus luceros
al pie de tus destellos
deposite mi voluntad

la trenza de mis cabellos
los mil y un té quiero
mi historia y mis anhelos

y, con un solo beso travieso
sacrificamos los miedos
de los dos

Cara del amor

Navegando vivo
navegante soy
para estar contigo,
rumbo norte voy

buscando voy tu patria
para hacerla tierra mía
escalar tus montañas
conquistar tus bahías

mi barca, "el frenesí"
mi brújula, tu voz
mi destino, tus labios cálidos
la promesa de los dos

cuando te mire...
descubrí la cara del amor
y en tus ojos misteriosos,
el inmenso amor de Dios

Soñando despierto

Soñando me la traes
despierto te la llevas
soñando despierto,
me la paso y me la conservas

soñando, volando estoy
despierto caigo al vacío

soñando despierto estoy
que tu corazón es mío

soñar, es solo una ilusión
despertar, una realidad fallida

soñando que estás
el corazón se anima...
marcha y respira

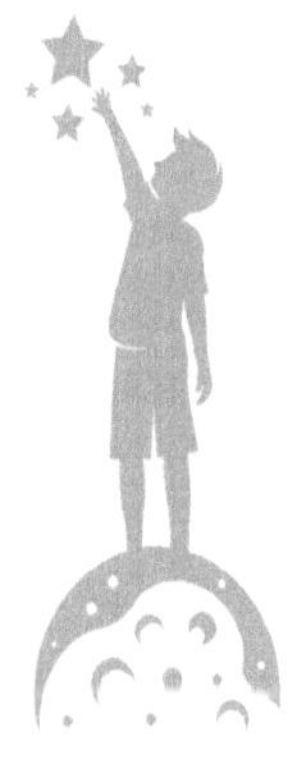

Canto de las ranas

Mar de palabras
que dicen casi nada

compartiendo ideas arcanas
tarareando el canto de las ranas

el rezo sería mejor,
si fuera con las manos

silencioso...
y con ganas

Días mejores

¿Qué me cuentan tus ojos soñadores?
qué han visto noches lánguidas
atardeceres melancólicos, sin colores
que han contemplado nacer el alba
llorado el silencio de tu cama

¿qué me dicen tus ojos soñadores?
que me lo diga tus labios sin hablar
que hablan de un mar de esperar
de serenatas mudas,
de cumpleaños por celebrar

¿porque ahora están tristes,
estos ojos cansados y ausentes?

se callaron cuando te fuiste
que terrible fue la muerte

¿y cuando ríen tus ojos soñadores,
recuerdas tus amores?

entonces, vuelvan a soñar
queridos ojos soñadores

faltan aún algunos errores
que anticipando están...
días mejores

Rayitos de luz

Rayitos de luz
para mis días nublados
pupilas radiantes
para mis ojos candados

destellos de tus ojos
luz para el camino
que me libran de abrojos
y encierran mis antojos

ojos de único esplendor
ya no hay de estos alrededor
pintados con brocha de gracia
por la mano del pintor

ojos mis y distantes
dueños de mis días andantes
motivo de mi hoy y mi antes,
de días grises y noches brillantes

ojos que dan brillo a los ojos míos
que pone letra a mis canciones
y que iluminando van
las sombras de los rincones

Despierta

Todos vienen, todos van
todos de prisa todos con afán
sin saber siquiera a dónde van

buscando alimento
comiendo ya casi por maña
desde martes hasta,
miércoles de cizaña

mañanas cansadas
noches vacías, sin campaña
el medio, que alimenta
tu frecuente migraña

obesos de placer por doquier
desde la noche primera
hasta el ombligo de la semana

¡Despierta! levántate de la cama
¡Tu corazón está que te lo reclama!

¡Despierta!, que la vida está de oferta
¡Despierta!, las ganas están afuera, tras de la puerta

¡Despierta!, buen provecho
y aprovecha

La espera

Constantes gotitas de miel
que barrenan mi pecho de roca
cada gota busca el ansiado
te quiero, de tu boca

¡hay! minutos que pasan
como leños sobre las brasas

esta espera que desespera
este encuentro,
que muriéndose está aquí dentro

este ánimo se desanima
este deseo que se encima
este triunfo que se retrasa
esta noche que no pasa

más no hay lugar para las dudas,
aunque las mañanas sean todas

aunque nunca acudas,
te espero
en todas mis vidas
...semidesnudas

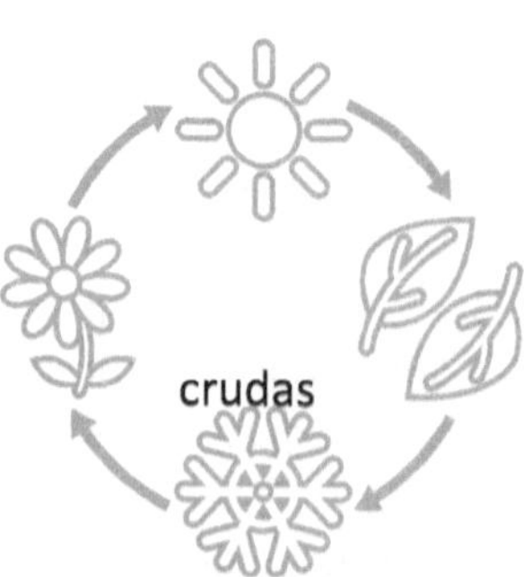

Cielo en la tierra

Se volcán los ojos
se doblan las piernas
las manos son arcilla
la panza, mantequilla

se confunde la mente
el ayer con el presente

¿qué es este sentido desconocido?
¿será acaso, tiempo molido?

¿enigma del universo?
¿algún cuento perverso?

¿pedacito de cielo, acá en la tierra?

¡Sí!
entonces...
mi corazón aquí se queda
cobijado en tu mirada de seda

Baile y canción

Por cruzarte en mi camino
las noches negras se perdieron
las penas ya murieron
y la luna viste de platino

estas en cada detalle de la vida
que fluye, como agua, como vino
así, natural
como agua de manantial
como rayos de luz al despertar
como instinto animal

eres parte de mi historia
mi aventura del vivir,
que no se puede describir
el triunfo aplazado de la gloria

la chispa, el baile y la canción
manantial de mil anhelos

el vuelo de pájaros azules
que giran de mi almohada
a tu corazón

Trocitos de amor

¿Qué es esto, qué será?

¿pedazo del paraíso, acá?

¿Qué se fueron las penas?

¡Si!

las vencieron sus caderas!

¿Y qué del dolor?

Ah...

eran solo

excesos de amor

¿Qué es esto, qué será?

¿Quién eres tú?

¿Un camino para andar?
¿la respuesta, sin preguntar?

¿una bendición encubierta?
¿un beso detrás de la puerta?

¿un final feliz?
¿una vida sin matiz?

¿un rompecabezas para dos?
¿una balada para dos?

¿la cara de la felicidad?
¿una hazaña, una realidad?

¿un secreto?
¿la beatitud de Dios?

sí, eso, y se reveló
y bastó tan solo una mirada

tan solo un beso
que nos dejó la boca morada

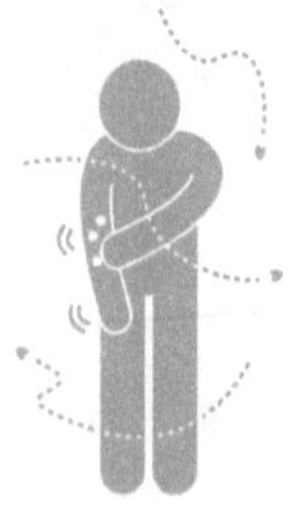

Laberinto

Naufragar sobre tu almohada
contemplar tu mar inquieto
él va y ven de tu aliento
acostada en tu cama

contemplar el norte en tu mirada
navegar a lado opuesto
descubrir tu pecho abierto
antes de la madrugada

conquistar tus playas apiñonadas
persuadir el interior de tus bahías
ver como la voluntad decaía
imágenes de pájaros azules
para las mañanas que venían

perderme en los horizontes
teñidos de tu piel
hallarme perdido en la voluntad
...de tu ser

Mariposa

Más que la música,
su canto y sus notas
eres tú, aún más hermosa
más qué el tulipán
más que las rosas

tu voz, tu andar
cuáles versos al bailar
con tu risa generosa
te deslizas por la vida, juiciosa

...mariposa de color

se abren tus ojos
y se cumplen mis antojos

la primavera se apura
la fruta se madura
y la vida se configura
de demasiada ternura

mariposa de color
ábreme tu capullo
deja que entre mi amor

déjame sentirme...
totalmente tuyo

Memorias clandestinas

Te busco en cada esquina
te encuentro en cada rosa
fuerte como espina
fina como alas de mariposa

en las noches más obscuras
estás en cada estrella
y la luz de tu mirada
se confunde con ellas

¿y cómo es que ya no estás?

estas en cada cosa
en la mesa que esta puesta
y en la vida que aún me resta

en la verdad de mis ruinas
en el ritual de las golondrinas
y en las memorias clandestinas

Melodía callada

Cuéntamelo todo
esta vez con otro idioma
con tu silencio que se asoma
como vuelo de paloma

tararéamelo con tu música callada
cuéntamelo todo sin hablar nada

los silencios entienden
esta conversación privada

revélame todo con tan solo un beso
que tu calor brote la carne de mis huesos

que me cante tu mirada,
que nuble la distancia feroz
que sea una balada para dos

una melodía callada
que me conduzca hasta Dios

Recuerdos

La luna se apagó
ya no brilla en tus pupilas
la vida es un estrago
sin tu mirada tranquila

los días me torturan
cada vez más duras
estas noches tan obscuras
y caray...
¡cómo perduran!

los recuerdos aseguran
a un tiempo, dan alivio y torturan

los pájaros azules y las mariposas
se murmuran

Tu nombre

Tararear tu nombre
escuchar tu nombre
es la melodía de este pobre

tañer tu nombre
con notas de alegría
música para mis pobres días

sollozar tu nombre
con melancolía
como profecía...
que tardada se cumplía

confesar tu nombre, mi mayor pecado

y con eso...
lo mejor fue, mercar a tu lado

mis labios, un manantial
de donde brota tu nombre
como grito final
como melodía triunfal

Bóveda celeste

Sonrisas de repente
transportan las memorias al presente
armadura para las penas
recordar las horas azules
las mil y una noches buenas

suspiros cabalgando en caballos blancos
guerreros protegiendo van los flancos
van recorriendo... van con calma
aliviando y marchitando el alma

bajo la bóveda celeste
el infinito continuamente presente
grava mis secretos de norte a oeste

estas donde sea que me acueste
bajo esta bóveda celeste

Momentos

Momentos que llegaron
hay nomas tan de repente
momentos que se fueron
y se quedaron para siempre

momentos ya pasados
que no han de repetirse
y que sin embargo...
no cesan de repetirse

momentos de melancolía
disfrazados de alegría
extrañando...
lo bueno que se tenía

momentos para encontrarte
siempre que paso a pensarte
momentos para agradecer
esta vida que me regala
momentos para pensarte

Sentimiento primitivo

Soñando...

volar como las aves

entonar canciones

de notas graves

vivo soñando

y soñando estoy... que vivo

soñando que te tengo,

me la paso y te cultivo

me la paso alimentando este

sentimiento primitivo

Pensándote

Cuando llueve
cuando llueve luz
cuando el mundo se mueve
cuando cargó la cruz

cuando huele a café
cuando pierdo la fe
cuando abro los ojos
cuando la alborada
cuando la noche estrellada
cuando en mis los ojos
contemplo tu mirada

cuando arrullo la almohada
cuando ríen los niños
cuando huele a rosas
cuando la música suena
y cuando es silenciosa

cuando los labios se abren
cuando las palabras faltan
los sentimientos resaltan
cuando las explicaciones no caben

cuando el aire sopla
cuando te quito la ropa
cuando sin derecho
se inflama este pecho
cuando se escapa un suspiro
que es...
el único alivio

Fortuna

Estás en la noche tersa
estás en el mar,
y eres mi fuerza

estás en la alegría
del cada día
y mis grises melancolías

estás en la luna
en la espuma
en la bruma
en mis lagunas
y eres mi fortuna

en los rayitos iluminados
en el arroyito cansado
y en los sueños enterrados

en todas las cartas
que no se escribía
en todas las memorias
en que sin conocerte.
...te aparecías

Desgaste

Los pies para correr
la mente para resolver
las noches para soñar
el día para trabajar
los amores para amar

se desgastan los pies
de tanto andar
la mente de tanto pensar

se desgastan las noches
de tanto soñar
y el dolor de tanto esperar

se desgasta el invierno
friolento y enfermo

se desgasta la vida
de cualquier manera
pero nunca...
nunca...
la espera

Golondrinas

Desde afuera, veo que se acerca la primera
las flores se revisten
de nuevos los colores, que aún no existen

desde Goya de Corrientes
llegan las impacientes golondrinas
hasta el pueblo del optimista
antiguo gobernador de Perugia
que murió por su liturgia

llegan agitadas y animadas
el mero día de San José
hay fiesta y hay mitote
en el pueblo del sacerdote

pero ellas, siempre inquietas y de prisa
pronto el lodo en la boca
pero nunca en la camisa
hay que armar de pronto el nido
en el techo de la iglesia
del hermano supe humano

el diecinueve de marzo
desde Goya de Corrientes
llegan las golondrinas
a San Juan de Capistrano

Eterna primavera

Cuando que te vi por vez primera
fueron blancas todas las noches negras
se quebrantaron todas las reglas

cesaron las dudas ...
se ausentaron las penas
agonizan los temores
despertó la vida
brotaron sus colores
cobraron sentido los dolores

he ganado mi lugar seguro
resolví el pasado...
contemplé el futuro

desde que tu estas
no hay mañanas y no hay atrás
no hay invierno oscuro
y del infierno...
no estoy tan seguro

descubrí en tus ojos, mi bandera
en tu mirada buena
mi eterna...
primavera

El amor

El amor es emprendedor
diligente y es audaz
es resuelto y es capaz

es abundante, no se acaba
y saber que, más rico es...
quien más amaba

es inquieto y vigoroso
es paciente y amoroso
es trabajo y es sudor
sangra con gusto y con color

el amor...
cuando nace,
no se dice
más bien...
que bien que hace

Muévete

La muerte anda que te busca

a ti, y a tu hermano

y tarde que temprano

a los dos alcanza

la muerte

aunque es justa, sí que asusta

así que muévete paisano

vive bien

y muérete sano

Amigos distantes

Alégrate al descubrir

la distancia

de familiares dominantes

y el tesoro

de amigos fieles,

aunque

distantes

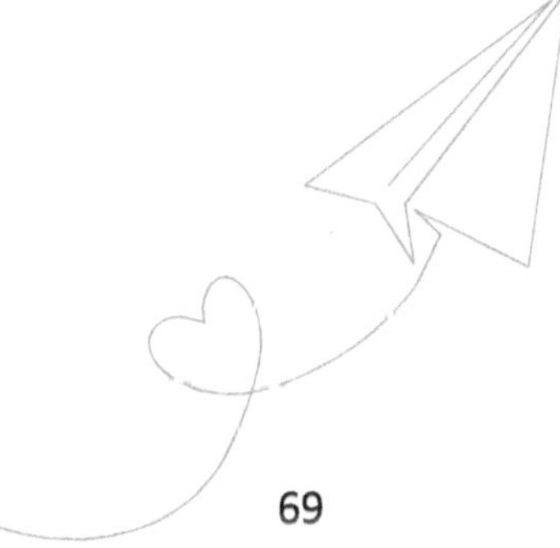

Complicado

Es mayor la dicha de amar

que ser amado

duele más,

pero se es realizado.

más que para amar...

hay que ser primero amado.

el amor es así,

sencillo

y completamente...

complicado

Descansa

Descansa...
pero no
duermas tanto

trabaja con entusiasmo
no le dejes todo a los santos

canta...
que se alegre tú llanto

vive...
tú decides cuánto

sonríe...
que lo tuyo es...
un encanto

Años justos

Para tus días soleados
y tardes radiantes
para tus cielos estrellados
y trabajos constantes

para el camino andado
y momentos felices
para el llanto derramado
y todas las cicatrices

para tus miradas olvidadas
y suspiros atravesados
para cada una de tus madrugadas
y tus amores ya pasados

para tus sueños enterrados
y metas alcanzadas
para todo lo que has sembrado
y las cosechas levantadas

para todos tus días olvidados
y tus muertos ya sembrados
para todos tus recuerdos arrastrados
y todos tus besos olvidados

para tus noches de luto
y todos los días de fiesta
tienes los años justos
y la edad perfecta

Bendita soledad

Bendita soledad bien acompañada
qué pide tanto y que no da nada

bendita soledad que descansas en mi almohada
bendita serenidad que sostienes el alma ansiada

que soportas las incoherencias
sin decir apenas nada

bendita soledad fiel compañera desanimada
qué pides tanto y das apenas nada

bendita soledad en dramada
que apagas los amores
que matas ilusiones
a base de tabús
y los mil y un temores

Me faltas

Me faltas
me falta tu aliento

no veo...si no estas

desde que no te veo
mueren las ansias
agoniza el deseo

me faltas...
no entiendo por qué no estas

me faltas...
no me explico por qué te vas

me faltas...

Desánimo

Tienes

el

entusiasmo

de

una

tortuga

embarazada

Lucia

La profetisa Lucia,

cuánta razón tenía

cuando decía

con su mirada perpleja,

"es una verdadera maldición,

vivir con alguien que de todo...

se queja"

Más feliz

El amor es para tontos
y busca felices mascotas

que sonrían con las alas rotas
que en su mirada perdida,
se vea la derrota

mas animo muchachos...
que, día con día
el llanto se vuelve alegría
el dolor no más que amor
desmejorado

sin rendirte...
espera la mejoría
que más feliz es...
quien, de tanto amor, se moría

Estás

Te mire, y la luz de tu mirada aun resplandece
te escuche, y tu voz armoniza los ruidos
te conocí, los años y la distancia no valen
anoche te mire...

estás, cómo está el color
y estás en todos los colores
estás, cómo está el sonido
y estas en el canto sin sentido

estás, como estrellas iluminando el camino
estás, como el buen final que propone el destino
estás, cómo los sueños y este es fatal
estas, y tanto bien me hace tanto mal

estás en el agua... tengo sed
estás en el viento... te respiro

estás en mi verdad silenciosa
estás en los momentos que,
no caben en una vida caprichosa

estás en la suerte de un feliz retorno
estás en el dolor que hay en tu entorno
que es menor...
que el dolor... de no verte

Tiempo

El tiempo, ¿qué vale?
el tiempo, ¿que cuenta?

Ya olvidé el sentido
ya perdí la cuenta
la vida pasa, se inventa
a veces se revuelta

te vi de pasada,
tan linda y coqueta

te vi de pasada,
mi espera es discreta

te vi de pasada...
te espero a la vuelta

Faro en la noche

El viento susurra tu voz suave y callada
dice, "pasa adelante, comparte mi almohada"

persiste una espina y sangra una herida
revive el deseo de lo que no se olvida

soñar me en tus sueños, besando tus besos
despreciar la vida que me niega tu abrazo
bendecir la vida... estuviste a mi paso

¿a dónde vas alma colmada de sueños?
buscando estoy rosas en pleno invierno
¿cuál es tu afán?, ¿queréis ser su dueño?'
mirar su mirada, verme en sus ojos...
mi único empeño

pensando en tus ojos se narran los versos
perdí la cabeza anhelando tus besos
verte en mi jardín cortando mis flores
perdí la cabeza, soñé tus amores

cuando te vieron mis ojos
perdí el sentido, se fue la razón
cuando te fuiste...el corazón

pensando en mirarte se hizo un martirio
tratando olvidarte sufro de delirios
sin plan, sin sentido, sin ninguna razón
¿quién entiende las cosas del corazón?

misterios divinos, días sin causa
¿quién entiende todo esto que pasa?
¿y, si es cierto, que todo pasa?
¿cómo pues, es que tú... nunca pasas?

me doy por vencido
la vida, la muerte... se olvida el olvido

nada tienen caso
será maldición o estoy bendecido
por cruzarme en tu paso,
por jugar el partido

hoy... náufrago perdido
y son tus ojos bonitos,
mi único faro,
mi lugar seguro
mi amparo...son tus ojitos

mi hogar, mi puerto, mi lugar preferido
mi armadura fiel, lo que tiene sentido
mi ayer, mi destino, algún brillante futuro
mi manantial, mi descanso...mi escudo

te amo... si estas en mis días
te amo... si más nunca te veo
te amo... así... y sin titubeos
tanto así... que ni me lo creo

te amo... simplemente te amo
no hace falta razón
te amo, más allá de mis días
así...y sin condición

Somnolencia

No soñaba

aunque mucho dormía

y no compartía

¿sería por eso que todo le dolía?

hablaba mucho de amor

y que poco sonreía

y sin darse cuenta,

los demás se alejan

orgullo maldito

que solitos nos dejas

Pandemia

En un instante, el mundo cambió
en un momento, el mundo se puso al revés

¿los besos?, ya no son
¿los abrazos?, pasaron de moda

atemorizado el mundo,
de lejitos se acomoda
los saludos de mano,
también incomodan

yo, me arriesgo
con tu calor y mi fuego
atamos este sentir
con un nudo ciego

que suerte la mía,
yo que tanto sufría...

¿a mí que me toca?
saborear tus delicias
prendido de tu boca

Momentos

Días de sol
noches estrelladas
días nublados
negras madrugadas

hay vidas sencillas y otras complicadas

hay sonrisas
también hay vidas arrastradas

hay días felices
y otros llenos de defectos

por mi parte...
los momentos a tu lado
fueron de cuento

y fueron, absolutamente
... perfectos

Morada

Cuanto gusto de verte

que rico escucharte

que dulce hay en tus labios

hay descanso en tu mirada

¿y porque tan callada?

"¡Me dejaste la boca morada!"

Maldita fantasía

Navegue todas las vidas
te busque todos los años
atravesé todos los desiertos
para descansar bajo tu mirada mía

la imaginé casi diosa,
resultó ser mujer de mirada peligrosa
inquieta cual mariposa
solo que, mucho…más hermosa

aquella tarde bebí el néctar de su vida
su aliento, su savia escondida

luego me desperté…

¿sueño alcanzado?
¿realidad prohibida?

¡maldita fantasía!
que aun tiempo alimentas
y tormentas mis días?

Ojos moros

España tiene su Valencia

al sureste de Matamoros

la mía está en Granada

y la quiero

hasta los poros

con esos ojos moros

con ese embrujo en su mirada

cual Agustín

armándole un festín

a los ojos de

Granada

Todita tú

Son tus ojos,
pero no es por tus ojos
son tus labios,
pero no es por tus labios
es tu risa y tu cintura
pero no es por tu risa, no por tu cintura

es tu mirada y tu voz
pero no es por tu mirada y no por tu voz

es tu actitud coqueta, y tu inquieta, quietud
que marcha hacia delante
delicada... fina y elegante

es tu piel apiñonada, tu mirada enamorada
que tiene mi vida en llamaradas

es tu risa... es tu andar
esa forma particular
qué tienes tú de amar

es por ser todita tú,
simplemente tú
que haces que sea yo todo
y todo yo...soy de ti

La espera

Contemple el infinito en tu dulce mirar
escuche las notas del tiempo una tu risa singular
disiparon las sombras así, sin pensar
y el silencio, se hizo un cantar

cuando te pienso, dejo de pensar
cuando te escucho, ya no sirvo para escuchar
y me delata una sonrisa
que me revela y me realiza

cuando te miré, fue diciembre primavera
en esta vida te encontré y así...
terminó la eterna espera

Dulce y traviesa

Si, nadie muere de amor
más hay cosas peores que la muerte

suplicio canijo terrible tristeza
qué mala suerte
¡maldita pobreza!

de noche me besa
después me priva sus los labios de fresa

tus labios, princesa
...dulce y traviesa

Todas las Noches

Una vida llena de amor
para amarte

el mundo lleno de color
y así pintarte

un festival de música
y solo para cantarte

todas las noches y solo...
para soñarte

Dulce final

Tú, mi noble ideal

mi experiencia humana

mi pena liviana

mi dulce final

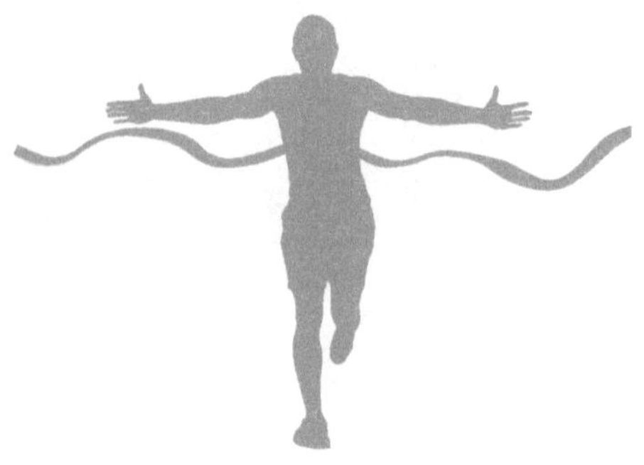

Suerte

Sin remedio, sin esperanza
la vida no me alcanza
para llegar a ti

tiempo, cruel enemigo
tu paso consume despacio
me propone y me niega
un abrazo de ti

doy la muerte por hecha
si la vida es sin ti,
ven amiga muerte,
ansias tengo de verte

que rico conocerte
que maluco perderte

rendido, y atrofiado...

¡bendita esta vida!
¡maldita sea mi suerte!

Timbre

Tus manos, tus pies
tu piel rosada
tu nariz de botón
tu boca azucarada

el brillo de tu risa
tu voz, ese timbre que hipnotiza

el suave vaivén de tus caderas
como canto de palmeras

Palpitar

Amo el cielo inmenso
amo el viento y su corriente
amo el mar extenso
cuando refleja la luna fluorescente

amo el tiempo adverso
que no se deja alcanzar
amo el vino perverso
que me suele desmejorar
amo la luz que no se deja atrapar

amo esta noche que no quiere amanecer
amo aquello, que puedo palpitar
que sé es real,
mas no se deja ver

Almas amigas

En esta vida incierta
mil y un amores, tocan a tu puerta
solo uno pasa
los demás se dan vuelta

este se anida en el rincón
echa raíz en las grietas del alma
sana, reorganiza, arrebata y calma

se funde en el ser
desprenderlo pues...no puede ser
sacarlo... no se va poder

almas amigas
se buscaron por todos los años
entre risas y desengaños
ahora se abrazan, se confortan...
a través de los años... se abrigan

finalmente, unidas
qué lindo objetivo,
amar así, sin medida

Torear

¿Qué fue de hijo, el mayor?
recuerdo que era valiente

se casó con la hija de don Antonio
¿la mayor, la de mal carácter?

¡seguro por el patrimonio!

no...
solo que le gusta
torear al demonio

Adversidad

Cuando

la

adversidad

toque

tu

puerta

dile,

"¿bailamos?"

Lavar y planchar

Ella es juiciosa y amorosa
es inquieta y contenta
es ingeniosa y no lleva cuenta
caray... y como es hermosa

es transparente y valiente
es clara, ambigua y buena gente
es amiga espontánea y es confidente

ella es enfocada, en raticos despistada
es fina, fuerte y también delicada
tiene notas de realeza, le gusta pasear

ella es emprendedora, é intelectual
como también es...
de lavar y de planchar

Sin igual

El aliento, y la paz
el entusiasmo que me das
tus momentos, tú verdad

tú, fortaleza, tú, caridad
tú, anochecer, tú, despertar

tú, el paisaje y el destino
tú, el motivo del camino
tú, perfume y manantial
tú, océano, playa sin final

tú, delirio principal
tú, un día cualquiera, ¿pero… ¿cuál?
tú, la hora dorada,
tú… el beso, sin igual

Heridas

En todas mis vidas

en todas mis guerras

en todas mis batallas

cerca te hayas

derrumbando murallas

pintando mis tierras

sanando las heridas

descansando en mis playas

Fuego y llamas

A sacar el fuego con las llamas
a extinguir los deseos a besos
a sofocar los excesos con ganas

a buscar sin cesar, a quien te llama
a matar cada noche, lo que vida reclama
a morir con la gradación que exclama

y resucitar cada día al lado izquierdo
de tu cama

Sueños vivos

El patrón de flores en tus prendas
no me despierten
no me quiten las vendas

sueños vivos
que dan vida
que animan y alimentan

sueños vivos
volando colibrís azules sobre los desiertos
buscando momentos más despiertos

sueños vivos
¿Seré el Adán para tu Eva?
¿que fuimos separados, para encontrarnos acá en este
precisó paraíso?

el patrón de flores en tus prendas
no me despierten
no me quiten las vendas

Escucha mi Dios

Me disté la vida, nací de tu amor
pero quedé huérfano, sin mamá
y juro que no hay dolor más grande por acá
que vivir sin su calor

me recompensaste con la vida de mi vida
mi descanso, mi verdad, mi Elvira
tierna, fuerte y juiciosa como hermosa

con su amor y con
noches frías fueron
sus ojos bonitos,
mis anhelos de color

de ese amor y por
nacieron mis
trabajo y mi
mi refugio y una
colores una rosa
la otra calma mis

mi amor las
de calor
fuentes de

amor,
amores, mi
descanso,
mina de
perfumada,
dolores

escucha mi Dios...
una violeta me entregaste, yola cultivé y está bien
con la lanza de Gerardo luché y así me desgasté, más la
soledad me acogió y en mi retoño me gocé

escucha mi Dios, tuya es la semilla, yo la sembré con
esmero y afán. Aquí están mis manos, la cosecha para el
pan. Ahora, vuelvo a casa, al encuentro de tu amor.
Déjame correr en tu atrio celestial. Permíteme descubrir lo
que es...
...un abrazo maternal

Polvo del camino

Quisiera ser el sol
para abrazar tu despertar
ser café, ser la copa
que todas mañanas besa tu boca

quisiera ser gotas de agua
que descansan en tus pestañas
recorrer todos tus poros
refrescar tu piel cuando te bañas

ser el aliento que respiras
ser las caricias de tu almohada

ser el polvo del camino
en tus caminatas tantas

prenderme a tus pies
y besar así tus plantas

Natilla, coco y cielo

Cuando me fui,
no hubo despedida en aquella retirada
hacía frío esa oscura madrugada
el velo, normalmente colorado
amaneció nevado

de frente el pasillo, cuál túnel abandonado
solo lo adornaba tu abrigo de marfil,
ahí colgado

al momento, los anhelos, e ilusiones
se desprendieron del corazón cual tornillos
y se anidaron ahí, en uno de los bolsillos

con los ojos desvelados, los pasos ya cansados
contemple y abrigue tu abrigo nevado
percibí tu esencia de natilla, coco y cielo
fue mortal aquel abrazo
salí de ahí, colorado
con el pecho hecho pedazos

solo me lleve tu esencia, de natilla, coco y cielo
que es de esta vida, lo único bueno
que aún conservo

Adentro

No sé cómo, no sé cuando
pero te anidaste tan adentro
que, sin ti, no siento

estas en todos lados
en todos los momentos
y estas a flor de labios

vives tan dentro
más allá de las palabras
más allá del pensamiento
más allá de la fantasía

más allá de la realidad fallida
se anida la niña mía
y se la pasa alumbrando
los rincones de mi alma fría

más allá de la cordura
del juicio y la noción
al fondo de la imaginación
ahí donde brota la ternura
seguro esta…
tu corazón

y arma y desarma
con paciencia y con afán
los rompecabezas
de los sueños que se dan

tu risa alivia los traumas y temores
tu canto silencio descompone las tristezas
y pintas con tu esencia colibrís azules
días de certeza... coloridos mis amores

más allá de la ternura
del miedo y del temor
al fondo de la razón oscura
fuera del tiempo y de condición

seguro esta... tu corazón

Terrible

Terrible el conocerte
terrible no alcanzarte
terrible no contemplar... a marte
terrible verte pasar

terrible pensarte, sin pensar
terrible este sentimiento caprichoso
terrible este silencio silencioso
terrible este privilegio doloroso

terrible haberte conocido
terrible, terrible
terriblemente...
hermoso

Tu nombre

Celebrar tu nombre único,
fino y delicado

con regalos, música
y papel picado

cantar tu nombre
que hace de cada noche,
una noche buena

celebrar tu nombre
con el brillo de las flores
con pasteles y colores

celebrar tu nombre
con trompetas y violines
festejar tu nombre
con rosas, noches buenas
y jazmines

Amar

Ahora sé que soy feliz
que sufro, que amo
que el amor existe y es verdadero

aunque te fuiste, aunque me muero
aunque no escuches los mil y un...te quiero

porque, aunque pasan los años
brillan los recuerdos
y aún iluminan las sombras tus ojitos
resanan las grietas, tus ojos, tus ojos bonitos

muy adentro del alma,
florece tu esencia
que alivia que calma

desde ahí, brota un manantial
de sentimientos
sentimientos... como tus ojos...
todos bonitos

Humanidad

¿Para qué tanta palabrería?

¿Qué tal un poquito menos de religiosidad
y una pizca más de humanidad, su señoría?

Si después de tanto rezo
y tanta reunión bendita
lo necio no se quita

embriaga tanto sermón jesuita

que bien le vendría...
una sonrisa de vez en cuando
a su... señoría

Agusto

Después de ti
ya no hay penas
ya no hay ansiedad,
no hay sustos

después de ti
hay noches buenas
hay posibilidad
momentos justos

por ti es que aprendí...
aprendí a ser...
y prendí a ser Agusto

Sique caminando

¡Hay! ...
lo que es atravesar el infierno, vivir para contarlo
y la maravilla de unos ojos tiernos que animan, al otro lado

salir enterito, aunque enfermo
escribir boberas en algún cuaderno

ya, curado de espantos, de traumas y temores
hay libertad para enterrar los dolores,
para darle voz tus amores

ya, curado temores y traumas
llega la libertad para decir,
!qué bonito es hacer
lo que se me pega in gana!

recuerda...
si la vida es difícil
y un infierno vas pasando
tu a lo tuyo...
sigue caminando

En adelante

Aquella tarde nevada
no callo maná del cielo
fuera de tu mirada
no existía nada

la miel estaba en tus labios
regalo del cielo
en aquel beso primero
sabor a natilla, sabor caramelo

brinde con tequila
al caer la tarde
de aquel beso colorado

ese beso primero
que encerró todos te quiero
ese beso que dijo
soy tuya... tu eres mi amado

en adelante...
los días todos, tienen sabor a natilla
y en las noches brindo con tequila

en adelante...
la vida mía es de
Natilla con Tequila

9 798871 690673